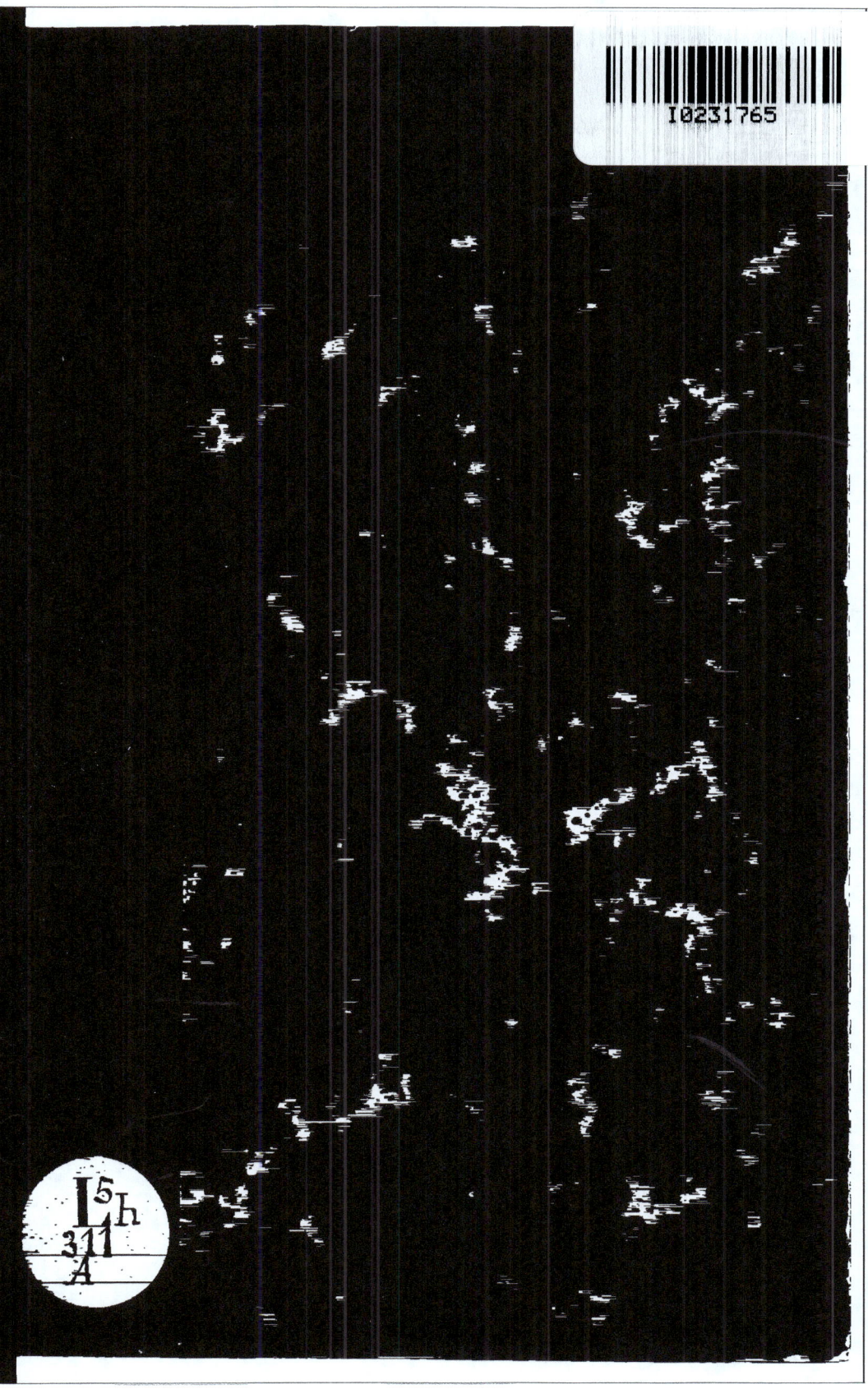

NOTICE HISTORIQUE

DE LA

DESCENTE DES FRANÇAIS,

EN

IRLANDE.

NOTICE HISTORIQUE

DE LA

DESCENTE DES FRANÇAIS,

EN

IRLANDE,

AU MOIS DE THERMIDOR AN VI,

SOUS LES ORDRES

DU

GÉNÉRAL HUMBERT;

PAR LOUIS-OCTAVE FONTAINE, Adjudant-Commandant, Chef de l'État-Major de la 26e. Division militaire.

Seconde Édition.

A PARIS,

CHEZ
- FAVRE, libraire, galeries de bois, Palais du Tribunat, aux Neuf-Muses, n°. 220,
- MOUTARDIER, lib. quai des Aug. n°. 28,
- L'AUTEUR, rue Neuve St.-Eustache, n° 46.

THERMIDOR AN IX.

Deux Exemplaires ont été déposés à la Bibliothèque.

Nota. L'auteur n'avoue que les exemplaires revêtus de sa signature.

PRÉFACE.

Sans chercher à pénétrer les motifs qui, jusqu'à ce jour, ont empêché de publier le rapport de la descente des Français dans une partie de l'Irlande, en l'an VI, rapport qui doit entrer dans la masse des matériaux nécessaires à l'histoire de la Révolution, je dirai qu'ayant fait partie de cette expédition, ayant été assez heureux pour associer mes travaux et mon nom à ceux des Braves qui en ont eu l'honneur, j'ai recueilli des notes que je publie aujourdhui.

Toujours retenu par la victoire sous les drapeaux de l'armée du Rhin et

Gallo-Batave, je n'ai pu me livrer à la rédaction de mes feuilles. Aujourd'hui que l'Europe respire, je profite du moment de repos dont je jouis, pour me livrer à ce travail. Cette entreprise doit être regardée par mes compagnons d'armes, moins comme le desir de parler de moi, que comme l'occasion de rendre justice à leur zèle, à leur bravoure, à leur dévouement pour la patrie, et le moyen de mériter de plus en plus leur estime et celle de mes chefs.

Le machiavelisme du cabinet britannique, et les fautes de l'ancien directoire pèsent encore trop sur la France et l'Europe entière, pour examiner et juger leur conduite respective. C'est au tems à prononcer sur leurs diverses opérations politiques et militaires. C'est au burin de l'histoire qu'il appartient de signaler la perfidie de l'Angleterre, et de consacrer la loyauté d'une nation fidèle à ses traités ainsi qu'à l'honneur.

En rendant compte de la descente des Français dans l'Irlande, je ne veux mettre sous les yeux du lecteur que le rapport des faits, et prouver ce que peut une poignée de Braves, jetée sur une terre amie, contre des torrens de soldats, séduits, entraînés par la crainte et aveuglés par la rage; ce que peut la discipline et le sang-froid des chefs, contre l'impétuosité sans frein, et des plans mal combinés.

Placé sur le théâtre des événemens que je vais tracer, acteur moi-même, j'en deviendrai le narrateur fidèle. Je les décrirai tels que je les ai vus : je n'exagérerai rien. Je ne chargerai point le tableau de détails inutiles ou étrangers à l'ensemble; je n'en épaissirai point les ombres, et je n'affaiblirai aucune des couleurs favorables à l'un des deux partis. J'ai toujours voué mon sabre à l'honneur, je consacre ma plume à la vérité.

PRÉCIS

DE LA

DESCENTE DES FRANÇAIS,

EN

IRLANDE,

AU MOIS DE THERMIDOR AN VI,

SOUS LE COMMANDEMENT

DU

GÉNÉRAL HUMBERT.

Les troupes, destinées à l'expédition d'Irlande, ayant reçu l'ordre de se rendre à *Rochefort*, pour y être embarquées;

le général *Humbert*, qui devait les commander, en passa la revue, le 17 thermidor an 6. Cette armée, si l'on peut lui donner ce nom, n'était composée que du deuxième bataillon de la soixante-dixième demi-brigade; de quarante-cinq chasseurs à cheval, du troisième régiment; de quarante-deux canonniers des côtes; de cinquante officiers réformés, etc., fesant un total de mille trente-deux hommes. Ces forces furent réparties, sur la *Concorde*, que montait le général *Humbert*, sur la *Médée*, aux ordres de l'adjudant-général *Sarrazin*, et sur la *Franchise*, où s'embarqua l'adjudant-général *Fontaine*. Le vice-amiral *Martin*, et le général de division *Leonard Muller*, qui se trouvaient à *Rochefort*, secondèrent dignement le vœu des chefs et des soldats, en surveillant avec exactitude les moindres détails de notre embarquement. Le 18, les troupes furent mises à bord de petits bateaux, pour être transportées dans la rade. Le concours du peuple était immense, et les cris de victoire et d'alégresse nous accompagnèrent jusqu'aux frégates, et se répétèrent encore par les officiers, soldats et matelots, quand on leva l'ancre. Ce fut le 19, à sept heures du matin, qu'on mit à la voile. Quatre frégates ennemies et deux vaisseaux rasés, qui croisaient devant la Rochelle, nous forcèrent à louvoyer. L'habileté du commandant de notre flotille nous fit les éviter (1).

Enfin, après quinze jours de marche, nous découvrîmes la pointe *Mullet*, à l'ouest de l'Irlande; nous la doublâmes, et nous fîmes route sur *Quilebeck*. Les vents étant devenus contraires, nous fûmes forcés de choisir un autre point de débarquement, et

---

(1) En cas d'attaque de la part des Anglais, nos marins étaient décidés à se retirer sur les côtes d'Espagne. Hasarder un combat eût été une imprudence condamnable.

nous nous décidâmes à entrer dans la baie de *Kilala*. Après avoir couru quelques bordées, nous stationnâmes devant *Kilcoming*, village à deux lieues de *Kilala*.

Le pavillon anglais qui, depuis la pointe du jour, flottait sur nos frégates, nous fit regarder par les Irlandais qui bordaient la rive, comme des vaisseaux de leur marine, et cela donna lieu à une méprise (2) qui tourna toute entière a notre avantage. Plusieurs canots, chargés de pilotes et de curieux, vinrent à notre bord; de ce nombre trois officiers des milices irlandaises, et deux fils de l'évêque de *Kilala*. Quoique les jour-

---

(2) Un officier du régiment du prince de Galles, qui allait commander les troupes de la garnison de *Killala*, vint nous offrir la pêche qu'il avait faite dans sa traversée de *Sligo*. Qu'on juge de sa surprise, quand il se vit à bord de la frégate la Concorde, et entouré de Français !

naux du tems aient parlé de la manière affectueuse avec laquelle il accueillit le général français et les troupes, je ne puis me refuser à lui donner ici une nouvelle preuve des sentimens de reconnaissance que ses bontés touchantes ont inspirés à toute l'armée, en fesant des vœux pour le voir récompenser d'une manière digne de son rang et de ses vertus.

Nos nouveaux hôtes nous donnèrent des renseignemens, et nous firent entrer dans la baie de *Kilala*, où nous mouillâmes, le plus près possible de la côte, pour faciliter notre débarquement. Ce fut le 5 fructidor, à deux heures après midi, que nous jetâmes l'ancre. Au signal que fit le commandant, on commença le débarquement, et nos troupes mirent pied à terre.

Les marins les mieux exercés n'auraient

pas mis plus de promptitude à débarquer, que n'en mirent nos troupes. Leur activité, leur zèle et leur intelligence méritent les plus grands éloges: l'artillerie ainsi que les munitions (3), qui semblaient devoir retarder cette opération, furent portées à bras, à travers les rochers, avec une intrépidité sans bornes comme sans exemples: le reste du jour et toute la nuit fut employé à mettre à terre les autres effets.

A peine débarqué, l'adjudant-général SARRAZIN, qui en avait reçu l'ordre, se

---

(3) Nous avions à bord trois mille fusils, trois mille habits et tout l'équipement complet, trente milliers de poudre, quatre caissons de cartouches, quatre pièces de campagne et des provisions de bouche, c'est-à-dire, *quelques sacs de biscuits, et une pipe d'eau-de-vie.* On jugera par ce détail exact que nous nous étions plus occupés de la gloire que des moyens d'assurer notre existence.

porta sur *Kilala* avec un détachement. Les grenadiers attaquèrent ce poste avec impétuosité ; et, sans daigner répondre à la fusillade de l'ennemi, ils le chargèrent à la baïonnette, le forcèrent à se replier, semèrent le désordre dans ses rangs. De Deux cents hommes qui défendaient *Kilala*, vingt-sept se sauvèrent dans les marais ; le reste fut tué ou pris. Vingt-cinq prisonniers et un officier, restés fidèles à leur parti, furent embarqués et envoyés au gouvernement français, comme une preuve du succès de nos premières armes. Quelques-autres des vaincus ayant demandé à servir contre les Anglais, ils prirent place dans nos rangs. Dans cette escarmouche, nous eûmes deux grenadiers et un officier blessés. Ce dernier, quoiqu'il eût reçu deux coups de feu, ne voulut point quitter l'armée, se promettant bien, disait-il, de prendre sa revanche à la première occasion.

Nos troupes s'étant emparées de *Kilala*,

on se disposa à y faire arriver notre artillerie. Nous ne pûmes nous procurer ni chevaux, ni charrettes, ni aucun moyen de transport (4); l'ardeur de nos troupes ne fut point ralentie par cet obstacle : les mêmes moyens furent employés que lors du débarquement. Les pièces de canon et les caissons furent encore portés à *Kilala*, bourg distant du lieu de notre débarquement de plus de neuf milles.

L'adjudant-général Fontaine, chargé spécialement du débarquement, après avoir fait quelques dispositions militaires pour préserver la côte des attaques ennemies, parvint à faire rendre toutes nos munitions à *Kilala*,

―――――――

(4) Dans cette partie de l'Irlande, les seuls moyens de transport consistent dans quelques petites charrettes à deux roues, que traînent un bœuf ou un cheval de la petite espèce.

que le général Humbert choisit pour son quartier-général.

Le bruit de notre débarquement, [5] de la prise de *Kilala*, s'étant répandu en un instant, les Irlandais qui depuis long-tems renfermaient le feu sacré de l'indépendance, lui donnèrent un libre essor; ils vinrent en foule se ranger sous les enseignes de la liberté. Le général les fit équiper et armer; et chargea le général *Sarrazin* d'aller avec le

---

(5) L'allarme se répandit bientôt en Angleterre : j'ai sous les yeux une caricature qui représente deux chariots chargés d'infanterie, suivis de plusieurs escadrons, ayant en croupe un fantassin, et tous allant au galop contre un petit phantôme habillé à la française. J'ai acheté à Londres cette pasquinade, lors du séjour que j'y fis.

capitaine *Huet* faire une reconnaissance. Cet officier rencontra l'ennemi fort de quatre cents chevaux. Nos grenadiers l'attaquèrent : quelques coups de fusil le dispersèrent, et le forcèrent de se replier sous les murs de la ville. Sa position fut reconnue, et il fut décidé qu'on l'attaquerait : les ordres donnés, l'armée réunie se porta en-avant de *Kilala* ; elle fut formée en deux divisions et campée. Ce fut là que les officiers irlandais levèrent des bataillons pour être répartis, après avoir été armés et équipés, dans notre petite armée, ils restèrent, sous le commandement de chefs irlandais, et la discipline militaire française.

Le 7, l'adjudant-général *Sarazin* eut le commandement de 4 compagnies d'infanterie, d'un détachement de grenadiers et de chasseurs à cheval. Quatre compagnies des canonniers et des Irlandais, marchèrent sous les ordres de l'adjudant-général Fontaine. L'adjudant-général *Sarazin* se porta sur la route de *Kilala*, pour attaquer Balayna de ce côté. L'adjudant-général Fontaine, en se portant sur la route de *Fox-Fort*, eut ordre de tourner l'ennemi: ces deux attaques réussirent complètement. Nos troupes le culbutèrent à coups de baïonnettes, sans tirer un coup de feu. Il eut beaucoup de tués et de blessés ; de ce nombre cinq officiers.

Nous ne payâmes ce hardi coup de main que par la perte d'un homme, deux autres furent blessés. La nuit qui suivit cette attaque, fut employée à faire voltiger des petits détachemens et reconnaître le terrein ; il y eut quelques escarmouches. Nous fîmes prisonnier un officier. Les renseignemens que nous pûmes obtenir de lui, furent un état des troupes qui marchaient à notre rencontre, et qu'il nous assura être de treize cents hommes d'infanterie, et de sept cents chevaux. Cette marche forcée et de nuit, avait pour objet de surprendre l'ennemi : ce qui ous réussit. A notre approche, les avant-postes prirent la fuite.

Ce succès qui avait doublé l'active bravoure de nos troupes, engagea le général Humbert à profiter de sa première victoire. Il se disposa à faire marcher sur *Balayna* la division Sarazin, tandis que les troupes aux ordres de l'adjudant-général Fontaine, fesant un mouvement sur la droite, occuperaient la route de *Fox-Fort*, seul chemin qui pouvait faciliter à l'ennemi un passage pour se replier sur son corps d'armée. L'ordre fut exécuté : l'ennemi dont le dessein était de nous tenir en échec, fut attaqué, repoussé, et ne trouva de salut que dans la fuite. Son arrière-garde fut atteinte dans la grande rue de *Balayna*, et l'adjudant-général *Fontaine* qui exécuta son mouvement, le harcela sur la route de *Fox-Fort*, et lui fit quelques prisonniers. Nous entrâmes dans *Balayna*, où nos troupes se rafraîchirent quelques heures. L'armée ensuite évacua *Balayna*, et reprit ses premières positions à *Kilala*.

Le 8, il fut ordonné que l'on se porterait sur *Castlebard*, l'armée se mit en marche; le général fut informé que l'ennemi profitant de notre mouvement, se disposait à se porter en force sur *Kilala*, pour brûler nos magasins, rendre inutiles nos premiers pas, et arrêter nos progrès. Ce mouvement fit changer la disposition du général. 200 hommes sous le commandement du capitaine *Charost*, et une partie des Irlandais restèrent à *Kilala* pour empêcher la tentative que les Anglais avaient dessein de faire, et le reste se reporta sur *Balayna*. Après une marche de nuit, nous arrivâmes à quatre heures le matin. Le premier objet qui frappa notre vue, fut une potence dressée, où était attaché un jeune irlandais, dont le crime était d'avoir manifesté sa joie, en voyant entrer les troupes françaises. L'indignation que fit éclater l'armée fut une nouvelle preuve de ce que peut sur de braves gens l'idée d'un lâche assassinat. Dans cet instant arrive un officier de l'état-major du corps d'armée du général *Lake*; il venait, comme parlementaire, réclamer un major, blessé dans la première affaire. A son air plus qu'embarrassé, nous jugeâmes aisément que sa mission avait un autre objet, et qu'il venait sans doute pour observer nos positions, et s'assurer du nombre de troupes que nous avions. S'il eut à se louer de l'accueil qu'on lui fit, ce fut le seul avantage qu'il remporta de son message. Nos soupçons sur les projets du parlementaire ne tardèrent pas à se confirmer. Le général *Humbert* fut instruit que le général *Lake*, avec une armée de cinq mille hommes, se portait sur *Castlebard*, pour s'opposer à l'invasion que nous voulions faire en Irlande, en nous avançant dans le pays.

Le général *Humbert* se mit aussitôt en marche, pour aller au-devant de l'ennemi sur *Castlebard*, et l'attaquer. Notre avant-garde, commandée par l'adjudant-général *Sarazin*, rencontra les avant-postes à une lieue de *Castlebard*. Ils étaient retranchés par la position naturelle du terrein, de manière à tenir avec peu d'hommes contre une armée entière. Nos troupes les attaquèrent, et ils se replièrent sur leur armée : nous nous précipitâmes sur leurs pas. Nous étions à portée de canon, quand nous vîmes l'armée du général *Lake*, dans une position inexpugnable pour toute autre troupe que des soldats français accoutumés à triompher : la droite de l'ennemi était appuyée à un lac ; sa gauche était protégée par des marais impraticables ; un plateau, garni de six pièces d'artillerie soutenues par trois mille hommes, et qui se croisaient sur les deux routes qui conduisent à cette ville qui, elle-même était remplie de troupes, et avait sur ses derrières un corps de réserve, défendait *Castlebard*.

Plusieurs reconnaissances poussées en-avant de notre petite armée donnèrent les mêmes renseignemens. Dans cette position formidable, l'ennemi semblait nous braver, en nous attendant. Le général *Humbert*, sûr de l'intrépidité de ses troupes, résolut d'attaquer le général *Lake*. L'armée se mit en bataille : l'adjudant-général *Sarazin*, qui commandait la droite, engagea le combat, en ordonnant au chef de bataillon *Hardouin* de se porter avec trois compagnies, et d'attaquer la gauche de l'ennemi : le succès couronna ces deux attaques; l'ennemi abandonna ses premières positions. L'adjudant général *Fontaine* qui observait les mouvemens des deux armées, profita du désordre où étaient les Anglais, pour soutenir les manœuvres de l'adjudant-général *Sarazin*; il chargea l'ennemi, qui se jeta dans *Castlebard*, et s'y rallia, en dirigeant son feu sur nous. Mais son artillerie, les coups de fusils qui partaient des fenêtres ne ralentirent point l'impétuosité de nos troupes, qui chargèrent l'ennemi dans la ville même (6). Notre cavalerie qui arriva, acheva de culbuter l'ennemi. Il abandonna six pièces de canon,

---

(6) Un de nos grenadiers se jeta sur deux pièces de canon chargées à mitraille, qui défendaient l'entrée de la grande rue de *Castlebard*, sabra deux canonniers, eut l'intrépidité de mettre le pouce sur la lumière d'une pièce dont la mèche fumait embrâsée, et s'empara des deux pièces. La tête de l'armée qui avançait doit sa conservation à la bravoure de ce digne militaire; il fut promu au grade d'officier sur le théâtre de sa vaillance.

qui devinrent le prix du courage de l'adjudant-général *Fontaine* qui, à la tête de quarante-trois chasseurs, décida la victoire. Les généraux *Humbert* et *Sarazin* se mirent à la poursuite de l'ennemi, jusqu'à deux milles de la ville, inquiétant ses derrières, et lui fesant beaucoup de prisonniers. Un corps de quinze cents hommes mit bas les armes, en criant : *vivent les Français !* Le général *Humbert* envoya l'Irlandais *Byron* (7) pour sommer les Anglais de mettre bas les armes : pour toute réponse, la cavalerie ennemie remise de sa première frayeur, revint sur nous, et nous força à nous retirer sous le *gros* de notre *petite* armée ; ils s'arrêtèrent

---

(7) Ce même *Byron*, exilé de son pays, pour avoir manifesté ses opinions, en faveur du parti irlandais, revenait avec notre expédition. Comme il avait partagé nos dangers et notre gloire, il partagea nos fers ; mais ayant été reconnu à Dublin, il y subit la mort !

au front que nous leur opposâmes. Nos troupes, harassées par une marche forcée et de nuit, ne purent courir à de nouveaux dangers, et cueillir de nouveaux lauriers.

Cette victoire à *Castlebard* nous a coûté la mort de quarante hommes, et nous avons eu cent quatre-vingt blessés. La perte de l'ennemi s'est montée à quatre cents hommes tués ou blessés (8). On lui a fait douze cents prisonniers ; on s'est emparé de toute son

---

(8) Une fois maîtres du champ de bataille, nous requîmes les magistrats de *Castlebard* de nous donner un emplacement pour panser les blessés. Anglais, Irlandais et Français reçurent avec la même générosité les mêmes secours ; c'est un éloge que les Anglais ont consignés dans leurs feuilles.

artillerie, de cinq drapeaux, de ses équipages et de ses magasins (9).

Généraux, officiers et soldats firent des prodiges de valeur. Les chefs de bataillon *Azémard* et *Hardouin*, les officiers *Ranou*, *Silberman, Toussaint, Babin, Laroche* (10),

---

( ) Après avoir chargé avec la moitié de sa compagnie, le capitaine de grenadiers *Laugerat* fut atteint d'un biscayen qui lui brisa l'épaule. Comme il ne pouvait continuer sa marche, il s'assit, et encourageant ses braves, il leur criait : « Amis ! » ne faites point attention à moi ; marchez à la » victoire, elle est devant vous : je reste, et je » meurs content...... il expire !

Un grenadier de ce même détachement se sentant blessé mortellement, appela un de ses camarades, lui dit : « Prends mes cartouches, envoie-les à ces b...... là ». Puis, en serrant son fusil dans ses bras, il dit : « Voilà comme doit mourir un grenadier français» ; et il rendit l'âme !

(10) Sulivan dit Laroche, aide-de-camp du général *Humbert*, reconnu lors de notre défaite, faillit être pendu ; mais comme ses traits étaient

Fricot, *Foucault*, *Truc* donnèrent à l'envi les preuves les plus authentiques de leur intrépide courage. Bien secondés par les troupes qu'ils commandaient, ils se portèrent où le danger était le plus grand, et partout l'ennemi fut vaincu. Le lieutenant *Moisson*, commandant des chasseurs à cheval, après avoir tué plusieurs cavaliers anglais est atteint de deux coups de feu à bout portant, et reçoit la mort que reçoivent à leur tour ceux qui l'ont frappé. L'adjudant-général *Fontaine* vengea ainsi la perte de ce digne chef de chasseurs. Le chef de l'état-major *Grignon* a par sa mort excité les regrets de toute l'armée.

Nous étions à peine maîtres de *Castlebard* que nous reçûmes avis que trois frégates anglaises et trois cutters étaient venus mouiller dans la baie de *Kilala*, à portée du canon de cette ville. Les tentatives que fit l'ennemi

---

changés, depuis son départ de l'Irlande qui était de 14 ans, il échappa au supplice.

pour débarquer furent inutiles ; il parvint à jetter à terre quelques détachemens, que nos troupes forcèrent bientôt à regagner leurs bords, et à se remettre en mer. Ils nous brûlèrent deux petits bâtimens marchands, que nous avions pris dans notre traversée de *Rochefort* à *Mullet*, et qui nous servaient de magasin.

Si l'escadre de l'amiral *Bompart* que nous attendions fut arrivée, elle se serait aisément emparée de cette flotille ; mais nous devions trouver dans notre courage seul les ressources que nous aurions dû attendre d'ailleurs.

Une fois maîtres de *Castlebard*, nous y établîmes une municipalité, dont le but unique était de nous procurer du pain, et notre vœu ne fut pas rempli ! Nous ne vécûmes que de pommes de terre, de viandes de bœuf et de mouton. Pendant les sept jours que nous restâmes à *Castlebard*, l'armée se ravitailla, et l'adjudant-général *Fontaine* fut chargé de l'organisation des Irlandais ; mais l'insouciance, l'irrésolution de ces messieurs contrastaient parfaitement avec le zèle et l'intelligence de cet officier.

Le général *Humbert* envoya le capitaine *Truc*, de la troisième d'infanterie légère, commander à *Baleina*. Il y fut attaqué par cent hommes de cavalerie qu'il eut l'audace de combattre, de repousser et de vaincre, avec quatre chasseurs français et quelques Irlandais unis.

Nos avant-postes inquiétaient toujours l'ennemi, par des reconnaissances qu'ils poussaient sur les routes de *Tuam* et de *Boyle*, tandis que nos grenadiers bivouaquaient à l'embranchement des routes d'*Holymont* et de *Balinamaord*.

Informé le 18 par ses espions que le lord *Cornwalis* (11), à la tête de vingt mille hommes d'élite, marchait sur *Castlebard*, le général *Humbert* fit assembler le conseil de guerre.

Il y fut arrêté que nous abandonnerions *Castlebard*, pour nous porter dans le nord de l'Irlande, et nous retirer dans les montagnes *d'Erry* et de *Tiranley*, après avoir passé le *Schanon* à *Balentra*, en fesant une marche forcée de dix-huit

---

(11) Il était nommé vice-roi d'Irlande.

lieues,

lieues, nous laissions les Anglais derrière nous ; afin de masquer davantage nos projets, il fut convenu qu'on se mettrait en mesure de retrancher *Castlebard*, pour donner le change au lord *Cornwalis*, et assurer notre diversion en nous portant sur *Dublin*, où nous espérions nous réunir au corps des Irlandais unis ; on leva le camp, et l'armée se mit en marche. Elle était composée de huit cents Français et de six cents Irlandais. Quelques troupes du général *Cornwalis*, que l'on rencontra, furent attaquées, battues et forcées de se replier. On escarmoucha aussi en avant des villages de *Scunffort*, de *Balagay*, de *Tobercury*, dont l'adjudant-général FONTAINE s'empara, en chassant l'ennemi devant lui, et fit deux officiers prisonniers. Arrivée le 19 à *Cloon*, l'armée fit halte après une route de vingt-quatre heures, pendant laquelle elle avait eu à combattre les voltigeurs de l'armée de *Cornwalis*, et à se défendre sur tous points, contre une nuée Yomaneries, qui harcelait sans - cesse sa marche (12).

Comme il était probable que l'ennemi ne nous laisserait pas reposer long-tems, on fit des dispositions militaires. L'adjudant-général Fontaine garda les routes de *Boyle* et de *Tobercury* ; et l'adjudant-général *Sarazin* le côté de *Sligo*. Le général *Humbert* prévint qu'il resterait à *Colony* avec un corps de réserve.

Quatre heures après notre arrivée, un corps de seize cents hommes, de la garnison de *Sligo*, attaqua nos avant-postes. Le géné-

---

(12) Sous le nom de Yomaneries, on entend une troupe réunie et composée de protestans du pays, qu'on pourrait désigner comme milice bourgeoise, ou garde nationale sédentaire en France.

ral *Humbert* fit porter, sur-le-champ, une partie de sa troupe, sur le point de l'attaque, qui soutint long-tems le feu de l'artillerie et de la mousquerie anglaise. La gauche de l'ennemi était appuyée à la rivière qui traversant *Coloni*, dérive vers l'ouest, à la sortie de la ville, et se jette dans le lac *d'Arow*, à un mille de la mer. Sa droite étant à découvert, et ayant négligé d'occuper une hauteur, d'où il eût été difficile de le débusquer, le général *Sarazin* jugeant l'importance de cette position, s'y précipita au pas de charge, ce qui jeta l'alarme dans les rangs ennemis. La perte de leur commandant acheva la déroute, et nous assura une nouvelle victoire, qui nous coûta quarante hommes tués ou blessés, nous restâmes maîtres de deux pièces de canon, de cinq cents fusils que l'on mit hors d'état de servir. L'ennemi perdit cent cinquante hommes, et nous fîmes deux cents prisonniers, dont quatorze officiers. Ce petit combat retarda l'exécution de notre projet; et l'ordre du départ fut donné pour dix heures, le soir. Le lieutenant *Fricot*, officier de l'état-major, fut chargé de conduire les prisonniers faits dans cette affaire, à *Boyle*. La prudence qu'il mit dans son message, seconda parfaitement l'intention du général, et servit à dérober à l'ennemi la connaisance de notre marche sur le *Schannon*.

A l'heure indiquée, notre colonne se mit en marche sur *Dromahaire*; pour la rendre moins embarrassante, nous fûmes obligés d'enclouer les pièces ennemies, et de les jetter dans la rivière de *Carroye* qui traverse le lac *Gille*, et se jette dans la mer à *Sligo*. Nous ne gardâmes que nos pièces de campagne. Cette mesure que la nécessité commandait, sembla un instant jetter le découragement parmi nos soldats, mais l'exemple des chefs, leur promesse, et l'espoir d'être bientôt réunis à ceux dont ils voulaient briser les fers, ranima leur ardeur; et l'on courut à de nouveaux dangers, sûr d'y trouver de nouvelles conquêtes.

Le 20 à midi nous nous trouvâmes dans la direction de *Manor Hamilton*. Arrivés à l'embranchement des routes qui conduisent de cette ville à *Dublin*, nous postâmes le tiers de la colone sur la route du Nord. Après une heure de repos nous marchâmes sur *Dublin*.

A 7 heures nous prîmes position sur les hauteurs en arrière du *Drunker*, village situé au Nord-Ouest du lac *Allen* où le *Schanon* prend sa source, et là nous trouvâmes des rafraîchissemens.

A l'approche de la nuit, on vit arriver un

parlementaire qui s'annonça comme voulant avoir un entretien direct avec le commandant français : le général *Humbert* ne jugeant point à propos de s'y rendre en personne dépêcha le général *Sarazin* accompagné de trois officiers de l'état major et de quatre chasseurs du troisième régiment. Arrivés aux avant-postes ennemis, le major *Croffort* s'avança vers le général *Sarazin* et lui remit deux officiers de santé et lui assura que la valeur de nos troupes ne pourrait s'opposer à une armée formidable commandée par le lord *Cornwalis* en personne, qui marchait sur elles et qui les cernait déjà.

Il ajouta : « Vous nous avez battus plusieurs
« fois ; vous avez fait de grandes marches en
« présence de notre armée, vous avez fait
« assez pour votre gloire ; et lord *Corn-*
« *walis* qui vous rend justice vous traitera
« avec tout les honneurs dus à des braves

« comme vous, si vous voulez vous en re-
« mettre à sa foi. »

Le général *Sarazin* répondit au major *Croffort*: « Monsieur, dites au lord *Corn-*
« *walis* que nous n'avons point encore rem-
« pli la tâche que notre gouvernement nous
« a imposée ; que nous sommes jaloux de
« continuer de mériter son estime et de fixer
« les regards de l'Europe sur notre entre-
« prise, ainsi que nous ne pouvons sans
« nous déshonorer accepter ses offres ».

Le même soir, nous quittâmes *Drunker* pour aller passer le *Schanon* à *Balentra*; une heure avant d'y arriver, nous sûmes par des paysans que le pont en était gardé par des forces supérieures, et qu'ils craignaient bien que nous ne pussions forcer le passage; qu'il y avait même de l'imprudence à le tenter.

Notre position devenait dès-lors très-fâcheuse. Nous avions à notre gauche le lac *Allen*, à notre droite les lacs *Arrow* et *Kay*. Sur notre front, un fleuve qui n'était pas guéable; et sur nos derrières un corps de vingt mille Anglais. Le seul parti qui nous restait, semblait être de nous porter sur *Balinafod*, pour occuper le terrein qui sépare les lacs *Kay* et *Arrow*, et de retourner sur *Castlebard*. Tous ces calculs furent inutiles. Il appartenait encore au général (13)

---

(13) On observera que l'adjudant-général *Fontaine* eut le grade de général sous les murs de *Castlebard*; qu'il fut donné aussi à l'adjudant-général *Sarazin*, qui tous deux l'avaient conquis par leur bravoure et l'habileté de leurs dispositions militaires. Des grades supérieurs furent aussi accordés à plusieurs officiers qui se distinguèrent dans cette expédition.

Fontaine de vaincre toutes les difficultés. L'avant-garde qu'il commandait attaqua les troupes qui gardaient le pont, les chargea, les mit en déroute.

Le valeureux *Puton*, suivi de quelques chasseurs à cheval, harcela l'ennemi dans *Balintra*, le força de se retirer, et notre colonne s'établit en-avant du pont qu'elle avait traversé.

Le général *Humbert* qui prévit bien que tous les moyens de retraite nous seraient enlevés, et n'espérant plus que sur le courage des troupes, donna ordre au général *Fontaine* de couper le pont, pour arrêter l'ennemi dans sa marche et donner quelques momens de repos à l'armée.

Il fut informé, pendant ce tems, que les insurgés des environs de *Granard* avaient attaqué la *Yeomanerie* de cette ville, et qu'ils avaient remporté l'avantage. Il fut arrêté que l'on irait à leur secours; que ce jour-même, 21, nous pousserions jusqu'à *Granard*, pour nous rendre en deux jours à *Dublin*.

A peine en marche sur *Granard* par *Cloon*, en nous éloignant de *Balintra*, notre arrière-garde fut harcelée par l'ennemi qui avait rétabli le pont (14).

Au premier coup de feu, notre colonne fit

---

(14) L'explosion de la poudre qui devait le faire sauter n'avait pas eu l'effet qu'on en attendait; et l'ennemi, à l'aide des débris d'une maison qui était à l'entrée du pont, parvint à le rendre facile pour y passer.

halte. Le général *Fontaine* qui commandait les quatre compagnies qui fermaient notre marche, fit volte-face avec ces braves ; ils chargèrent la cavalerie anglaise qui tourna bride au galop, en nous abandonnant trois de nos prisonniers. L'armée qui ne devait que suivre sa route la reprit, se défendant partiellement contre quelques voltigeurs ennemis ; mais à quelque distance de *Cloon*, les Anglais fondirent en masse sur nos derrières, et quelques hussards d'*Hompech* voulurent sabrer les premiers rangs de notre infanterie qui les reçut la baïonnette au bout du canon. A six heures le soir, nous étions à *Cloon* où nous eûmes beaucoup de peine à faire arriver nos canons, qui furent toujours *portés* dans des chemins marécageux et difficiles ; on prit des positions militaires. L'armée se reposa un instant : l'ennemi cessa de nous inquiéter ; mais c'était pour donner le tems à ses renforts d'arriver.

Le général *Humbert* reçut à *Cloon* une députation des paysans des contrées voisines, qui lui apportaient la promesse de le joindre, au nombre de dix mille, s'il pouvait rester jusqu'au lendemain, afin de favoriser leur réunion.

Le chef [15] lui-même des insurgés, battus à *Granard*, vint nous offrir ses services, et nous conjurer de retarder notre départ jusqu'à ce qu'il eût rassemblé ses nombreux partisans, pour les unir à nous, et combattre sous les drapeaux d'une nation qui avait fait, disait-il, de si grandes choses, et dont chaque soldat était un héros.

---

(15) Il était armé de pied en cap, couvert d'armes offensives et défensives, et ressemblait parfaitement aux preux chevaliers du treizième siècle.

Toutes ces considérations, leur importance, et quelques murmures qui s'élevaient parmi les rangs de nos troupes harcelées, désespérées, décidèrent le général Humbert à ne quitter son camp que le 22, et à bivouaquer. Mais quelle fut sa surprise quand il eût la nouvelle certaine que les insurgés, informés de l'état de nos forces, et les jugeant trop faibles pour résister au lord *Cornwalis* qui s'avançait avec vingt mille hommes, ne voulaient plus grossir nos bataillons, et faire cause commune. La crainte de voir égorger leurs femmes et leurs enfans, s'ils abandonnaient leurs foyers, était encore une des raisons qui les déterminaient à protéger leur asyle, sans courir d'autres hasards. (16)

---

(16) L'événement ne justifia que trop leur crainte ; les Anglais assassinèrent lâchement plusieurs familles de ces braves !

Le tems que nous restâmes à *Cloon*, Pour attendre l'effet des promesses des Irlandais insurgés, nous fut très-préjudiciable. Le général fit marcher sur *Granard*, malgré qu'on eût voulu nous persuader que trois cents hommes de milice nous arrêteraient. Nous ne fûmes point inquiétés : nous avons su depuis que pour éviter de faire une démarche aussi hasardée, que celle qu'avait faite le commandant de *Sligo*, lord *cornwalis* avait donné ordre à tous les éclaireurs de se replier à notre approche.

Un caisson de cartouches, que des Irlandais, faute de chevaux, traînaient à bras, à travers des chemins impraticables, fut abandonné à la première charge que fit contre eux la cavalerie anglaise, qui en sabra un grand nombre.

Le général *Humbert* informé de ce nouvel

accident, ne prend conseil que de son courage. Il fait faire halte à notre colonne, et lui-même, à la tête de quatre compagnies, marche à l'ennemi, ordonne une décharge qui le disperse, reprend le caisson, dont les provisions furent distribuées à l'armée, et continue sa route.

Pendant cette diversion indispensable et que le succès avait couronnée, les ennemis sur plusieurs points, débouchèrent avec tant de promptitude que les quatre compagnies qui avaient rétrogradé pour reprendre le caisson, eurent beaucoup de peine à rejoindre la colonne. L'avant-garde ennemie nous prenant en tête nous arrêta à une lieue de *Granard*. Le découragement s'empara presque totalement de nos troupes. Accablées de fatigues, obligées de se défaire des pièces de canon qu'elles avaient payées de leur sang, se voyant forcées d'abandonner leurs camarades blessés à la merci des Irlandais, elles eurent peine à retrouver leur courage, les derniers rangs eurent avec les hussards d'*hompech* quelques pour-parlers, ce qui donna loisir à ces derniers de voir arriver du renfort.

Une heure après, l'ennemi qui nous harcelait toujours, attaqua ces mêmes dernières compagnies, les enveloppa. Malgré la plus opiniâtre résistance, elles furent faites prisonnières.

Dans ce danger pressant les généraux *Fontaine* et *sarazin* se décidèrent à vaincre ou à périr; ce dernier fit tête à la colonne ennemie qui masquait le pont de *Granard*, la força de fuir et s'en empara. Le général *Fontaine* courant de rang en rang et ranimant du geste et de la voix le peu de braves qui respiraient encore le feu du courage, dégagea

dégagea notre artillerie du centre de notre colonne, la fit porter à notre petite arrière-garde avec quelques bataillons et faire feu sur la cavalerie ennemie qui pour assurer sa victoire avait en croupe un fantassin. Son attaque fut si impétueuse qu'il culbuta les escadrons, leur tua plus de cinquante chevaux, leur blessa un plus grand nombre d'hommes. Un obusier qu'on amena à l'ennemi ranima son ardeur, et il revint à la charge; nos artilleurs sans s'effrayer, démontèrent l'obusier et firent sauter les deux caissons ennemis. Le lord *Boden*, qui commandait cette colonne, se rendit au général *Humbert*.

Pendant ce combat presque tous les Irlandais qui avaient grossi nos rangs furent frappés d'épouvante. (17) Trois cents des

___

(17) Les deux frères *Magdonal*, officiers irlandais, firent preuve dans ce combat de la plus grande intrépidité, jointe à l'habileté la plus consommée. Pendant plusieurs heures, ils défendirent, à la tête de quelques tirailleurs irlandais unis, un poste par où l'ennemi pouvait déboucher et mettre le désordre dans nos rangs.

D

plus braves se battirent à outrance, et furent hachés en pièces, après avoir vendu chèrement leur vie, en réunissant leurs efforts aux nôtres pour repousser à la baïonnette la cavalerie anglaise, qui trois fois nous chargea, et qui trois fois se retira avec perte.

Qu'on se représente une poignée de troupes extenuée de misères et de fatigues, sans munitions au milieu de trois mille hommes de cavalerie ennemie, soutenue d'une ligne formidable, attendant l'issue des premières attaques pour fondre sur nous.

Depuis long-tems le major *Croffort* demandait à parler au général *Sarazin*. Le général *Humbert* se décida à l'envoyer en parlementaire. Pendant que le général *Sarazin* et le major *Croffort* s'entretenaient ensemble, l'ennemi fondit sur le centre de notre armée : le major *Croffort* se porta à ses troupes, pour arrêter le feu. Le général *Fontaine* qui défendait l'aîle gauche de l'armée, croyant qu'on avait entamé des négociations, se rendit à la colonne, pour y attendre des ordres ; mais quelle fut sa surprise et celle du général *Sarazin*, quand ils se virent enveloppés et faits prisonniers ! De leur côté, le général *Humbert*, les chefs de brigade *Azémar* et *Hardouin* se défendaient contre des colonnes ennemies qui les accablaient, et ne se rendirent qu'après avoir épuisé toutes les ressources que donnent le courage et l'intrépidité.

Il fallut enfin céder, les Anglais se précipitèrent sur nous, c'était à qui aurait l'honneur de faire un prisonnier français : il n'y en eut pas pour chaque officier anglais.

Le général *Lake* alla au-devant du général

Humbert, en lui demandant où était son armée...... La voilà lui répondit-il, en lui montrant les quatre cents hommes que le sort des combats venait de faire tomber en son pouvoir. Le général *Lake* fit un mouvement de surprise et d'admiration ! — Et, où prétendiez-vous aller, ajouta l'Anglais ? — A Dublin, briser les fers de ceux qui gémissent sous le poids de votre tyrannie, répliqua le général Français. — Ce projet extraordinaire, continua le général *Lake*, ne pouvait naître que dans une tête française......

RÉSUMÉ.

Ici se termine l'historique de la descente des Français en Irlande, au mois de thermidor an *six*, et de leur expédition militaire dans un pays où ils s'attendaient à trouver des secours en tout genre, et où ils furent obligés de devoir tout à leur activité, à leur courage, à leur intrépidité.

Certes, si avec une soi-disant armée, qui n'était composée que de *mille trente-deux hommes*, on s'est soutenu dans un pays ennemi, pendant dix-huit jours, que n'aurait-on pas eu lieu d'attendre d'une masse plus forte, et dont les subsistances comme les ressources eussent été assurées.

Tout présageait le sort qui nous attendait;

la longueur de notre croisière, la nécessité où nous fûmes de débarquer sur le plus mauvais point de l'Irlande, le peu d'empressement que les habitans mirent à nous recevoir, le peu de secours dont ils nous offrirent la réalité, le manque de chevaux, de voitures de transport.

Que d'efforts il a fallu faire pour surmonter autant d'obstacles ! Que de fermeté il a fallu opposer à la faiblesse des Irlandais unis, et à leur irrésolution ! Que de combats il a fallu rendre, pour se maintenir dans ses positions, en présence d'un ennemi qui de tous côtés présentait une masse imposante d'infanterie, de cavalerie et d'artillerie ! Que de ruses il a fallu mettre en usage, pour lui dérober nos marches et nos contre-marches de nuit ! Hé bien ! le courage de *mille trente-deux hommes* a triomphé de tout.

A peine débarqué, le soldat, sans chercher à se reposer des fatigues de mer (toujours certaines pour des troupes qui n'ont point l'habitude de voyager sur cet élément), court aux armes : un détachement de grenadiers se porte sur *Kilala*, s'en empare, et l'armée y établit son quartier-général.

Trois frégates anglaises se présentent devant la baie de *Kilala*, pour y effectuer un débarquement ; cent trente hommes s'opposent à leur audace, repoussent ceux qui osent toucher terre, et forcent cette flotille à prendre le large.

Treize cents hommes d'infanterie, sept cents de cavalerie défendaient *Baleyna*; quatre cents français fondent sur eux, enfoncent leurs rangs, les dispersent, et s'emparent de leur poste et de leur artillerie.

Quelques Irlandais viennent grossir nos rangs; ils sont équipés, armés, et leurs premiers essais sont des combats, des assauts et des victoires.

L'ennemi veut profiter de notre audace à nous avancer dans le pays, pour surprendre nos derrières qu'il croit sans défense, et brûler nos munitions et nos magasins; il est surpris de trouver sa défaite, au lieu même où il croyait vaincre. Quelques Irlandais, et quatre chasseurs commandés par un brave, le mettent en déroute.

A *castlebard*, les Anglais forcés sur tous les points, se précipitent en fuyant. Ils sont harcelés, poursuivis, attaqués et taillés en pièces, jusques que dans les rues de *castlebard*, et ils nous abandonnent dix canons, quatre drapeaux, douze cents fusils et leurs munitions.

Seize cents hommes de la garnison de *Sligo*, veulent se mesurer avec nous ; ils sont encore vaincus.

Le pont de *Balentra* paraît inexpugnable, il est emporté à la baïonnette, et la colonne le passe, se retranche en avant, et le brûle.

Si nous marchons sur *cloon*, nous sommes pris en tête par un corps considérable. Notre arrière-garde est enfoncée par huit escadrons de cavalerie, qui portaient en croupe un fantassin. La ruse se mêle à la force (18) ; et sous prétexte de parlementer, on ralentit

---

(18) Le général Sarazin invoqua, mais inutilement, le droit sacré des nations, en sa faveur, car on a vu qu'il fut pris étant revêtu du caractère inviolable de *parlementaire* ! Le lord Cornwalis ne fit point droit à sa demande.

notre marche, pour mieux assurer notre prétendue défaite. Le lord *Cornwalis*, à la tête d'une armée forte de vingt-deux mille hommes, reste témoin des prodiges de valeur, que fait pendant plus de trois heures une poignée de braves militaires, et de l'intrépidité avec laquelle ils défendent leur vie contre une nuée de soldats.

Mais si quelque chose peut nous consoler de notre disgrace, c'est la certitude d'avoir fait notre devoir, d'avoir obéi à nos gouvernans, sans chercher à les juger, et d'avoir trouvé dans nos vainqueurs de la générosité et des égards (19).

Chaque officier et soldat ennemi brigua

---

(19) Les officiers, chargés de la défense de Kilala, obtinrent leur renvoi dans leur patrie, sans échange, sur la demande de l'évêque de Kilala à sa Majesté Britannique.

l'avantage de présenter au lord *Cornwalis* un prisonnier français. Nous reçumes tous, de sa part, les marques du plus grand intérêt.

Quarante hommes qu'on nous donna pour escorte avaient plutôt l'air d'une garde d'honneur que d'un détachement qui conduisait des prisonniers à *Long-Fort*. Arrivés dans cette ville, nous y fûmes traités avec distinction. Il y avait une illumination générale : un repas magnifique était préparé ; plusieurs personnages de la plus haute importance y assistèrent (20).

A *Dublin*, l'empressement fut égal pour

---

(20) Un lord que la prudence me défend de nommer, voyant mon étonnement sur tout ce qui se passait, s'approcha de moi, et me dit : Monsieur, *les Anglais éclairent leur sottise et votre triomphe.*

nous voir et même pour *nous complimenter*. Le lord *Cornwalis* exigea de nous que nous ne nous montrerions pas pendant trente-six heures ; nous étions dans la ville où se trouvait le foyer de l'insurrection, et sa politique nécessitait cette mesure.

Lors de notre embarquement pour *Liverpool*, le concours du peuple était immense. Arrivés dans cette ville, officiers et soldats furent mis en prison ; les officiers en sortirent pour être conduits à *Litchefied* (21) où ils restèrent six semaines ; sur leur parole, ils furent ensuite échangés. Les généraux se rendirent à *Londres*, où ils ne firent que séjourner et le 13 brumaire ils revirent leur patrie.

---

(21) C'est dans cette ville que le général Humbert reçut une députation du clergé, pour le féliciter de la bonne conduite qu'il avait tenue, pendant son séjour en Irlande, où il protégea la liberté des cultes, des opinions et des propriétés.

Pour rendre justice à tous ceux dont le zèle et les efforts courageux ont contribué à la gloire que se sont acquis les Français qui sont descendus en Irlande, il faudrait nommer chaque officier, chaque chef, chaque soldat. Je me proposais de consigner ici les noms de ceux qui ont toujours fixé la victoire, sous les drapeaux de la soixante-dixième demi-brigade, dans les rangs du troisième régiment de chasseurs, parmi les officiers réformés de tout grade, et parmi les canonniers, etc.; mais ayant perdu beaucoup de notes, et les Anglais s'étant emparés de mon bagage, je pourrais oublier quelques noms, et tous doivent être inscrits dans les pages de l'histoire, consacrée à perpétuer le souvenir des grandes actions.

Une plume, plus exercée que la mienne, se chargera sans doute de cet emploi si digne; j'ai rempli le vœu de mon cœur, en parlant d'eux.

À Paris, de l'Imprimerie de B. Duchesne, Rue du Mail, N°. 12.

www.ingramcontent.com/pod-product-compliance
Lightning Source LLC
LaVergne TN
LVHW020039090426
835510LV00039B/1052